큰사랑목장 시리즈 Ⅰ - 새신자반

하나님과의 만남,
그리스도 안에서의 만남

목차

목장훈련에 오심을 환영합니다.
이 교재는 무엇을 지향하고 있는가?
이 교재를 어떻게 공부할 것인가?

부록

목장훈련에 오심을 환영합니다.

성경에서는 이제 갓 그리스도인이 된 사람을 갓난아이에 비유하고 있습니다. 성인은 아주 딱딱한 음식까지 모든 음식을 먹을 수 있지만, 갓난아이는 젖이나 부드러운 음식만을 먹어야 하는 것처럼 그리스도인의 출발도 마찬가지입니다.(히5:12)

이제 갓 그리스도인이 된 신자도 아기가 태어나서 성장하기까지 부모가 돌보는 과정이 있듯이, 돌봄을 받아야 합니다. 이제 막 그리스도인이 된 신자도 혼자 성경공부를 한다는 것은 쉬운 일이 아닙니다. 마치 갓난아이에게 딱딱한 음식만큼이나 삼키고 소화하기 어렵게 느껴질 수 있습니다. 따라서 성숙하고, 충분히 훈련된 그리스도인의 안내를 받아야 합니다. 그리스도인에게 있어서 성경공부는 매우 중요합니다. 성경은 그리스도인의 영적인 양식입니다. 영적인 양식을 꾸준히 먹지 않는다면 영적으로 성장할 수 없으며, 영적인 침체에 빠지게 되며, 사실상 불신자처럼 살아갈 수도 있습니다.

그리스도인은 딱딱한 음식을 먹을 수 있을 만큼 성장해야 됩니다. 그것은 모든 말씀을 듣고, 읽고, 공부하고 그 말씀을 묵상하고 적용하는 것을 스스로 할 수 있는 것을 말합니다. 그리스도인은 교회생활을 통해서 그렇게 성장할 수 있습니다. 교회생활에는 예배, 전도, 교육, 구제, 교제 등등의 많은 활동을 포함합니다. 목장훈련은 교회생활의 여러 활동 중에 하나이면서 그 모든 것을 가능하게 하는 핵심 활동이라고 할 수 있습니다. 왜냐하면 목장모임은 단순히 성경공부로 그치지 않고, 교회 속의 작은 교회로 목장모임 안에서 예배, 전도, 교육, 구제, 교제가 이루어지기 때문입니다.

목장훈련은 목자와 더불어 하게 됩니다. 잘 훈련되고, 성숙한 목자와 함께 성경을 공부하고, 주님 안에서 성도의 교제를 하게 됩니다. 이런 모임을 목장모임, 가지모임, 순모임, 셀모임 등등 다양한 이름들이 교회와 선교단체 등에서 사용되고 있습니다. 본 교재에서는 '목장모임'으로 통일해서 사용하려고 합니다.

당신이 이교재를 가지고 목장모임에 참여해서 함께 공부한다면 당신이 건강한 그리스도인으로 성장하는 토대를 만드는 기회가 될 것입니다. 지속적이고 꾸준한 영적성장을 하려면 교회에서 이루어지는 예배와 각종 모임에 정기적으로 참여하면서 꾸준히 성경을 공부해야 합니다. 목장모임도 꾸준하고 지속적인 참여가 중요합니다. 아무쪼록 당신이 이 교재를 공부하면서 평생 성경 공부의 비전을 잉태하시기 바랍니다.

혹시 당신이 아직 그리스도인이 아니라고 해도 이 교재를 공부하는 것을 주저하지 마십시오. 이 교재는 당신이 그리스도인이 될 수 있도록 안내자 역할을 해줄 것입니다. 목자와 함께 이 교재를 공부하면서 하나님의 자녀가 되는 놀라운 감격의 사건이 당신의 삶에 일어나길 기도합니다.

이 교재는 무엇을 지향하고 있는가?

큰사랑목장훈련 시리즈는 한 사람이 그리스도를 알고, 성숙한 그리스도인으로 세워지도록 돕기 위한 교재입니다. 이 시리즈의 첫 번째 책이 지향하는 중요한 목표는 다음과 같습니다.

첫 번째 목표는 당신이 거듭난 그리스도인이라는 것을 확신할 수 있도록 돕는 것 입니다. 만일 당신이 하나님과 아무런 관계도 없는 사람이라면 예배, 기도, 교회와 기독교 단체 등의 수많은 모임참석, 다양한 봉사와 구제사역, 성경읽기 등등 모든 것이 무의미할 뿐만 아니라 하나님과 관계가 없는 일일 수 있습니다. 당신이 거듭났다는 확신이 없다면 그리스도인으로서 삶의 의미를 느끼지 못할 뿐만 아니라 풍성한 삶을 누릴 수도 없습니다.

두 번째 목표는 당신이 아직 거듭난 그리스도인이 아니라면 예수님을 당신의 마음에 영접하고 거듭남을 경험할 수 있는 기회를 갖도록 돕는 것이 또 하나의 중요한 목표입니다. 거듭남의 경험은 당신의 생애에서 최

대의 경험이 될 것입니다. 거듭남의 의미를 처음부터 느끼는 사람도 있지만 설령 처음에는 느끼지 못하고, 이해하지 못하고, 지식적으로 거듭남의 의미를 모른다고 하더라도 당신의 믿음이 성장함에 따라 하나님의 구속의 은혜가 얼마나 엄청난 것인지 알게 될 것입니다.

세 번째 목표는 당신이 목장모임을 통해서 그리스도인 공동체 즉 그리스도인으로서 가족을 느끼고, 삶을 나눌 수 있는 첫걸음을 내디딜 수 있도록 돕는 것입니다. 즉, 목자와 당신 그리고 다른 목장원들이 함께 유기적인 공동체로서 가족을 경험할 수 있도록 하는 것입니다.

네 번째 목표는 당신이 이 교재를 통해서 배우는 것들을 아주 작은 것부터 시작해서 실천해 가도록 돕는 것입니다. 성경을 찾아보고, 성경을 읽고, 성경구절을 암송하는 것 등등 기초적이지만 아주 중요한 과정에 참여하도록 돕는 것입니다.

아무쪼록 당신이 이 교재를 공부하면서 하나님과의 관계를 맺음과 아울러 공동체적 경험을 통해 적용과 실천적 믿음을 싹틔울 수 있기를 소망합니다.

이 교재를 어떻게 공부할 것인가?

당신이 이 책을 만난 것은 아주 의미 있는 일이 될 것입니다.

앞에서 언급되었듯이 이 교재는 당신이 혼자 성경을 찾아가면서 공부할 수도 있습니다. 그러나 훈련받고 영적으로 보다 성숙한 목자와 함께 공부하는 것이 좋습니다. 이 책이 단순히 성경지식을 전하기 위한 것이 아니기 때문입니다. 이 책은 당신이 그리스도의 제자가 되도록 안내하기 위한 그룹성경공부 교재입니다. 이 책을 공부하는 과정에서 당신의 믿음을 점검받게 되며, 함께 공부하는 목장원들과의 나눔을 통해서 다른 지체들의 삶 가운데 역사하시는 하나님을 발견하는 만남의 장이 펼쳐질 것입니다. 나눔을 통해서 자신이 가지고 있는 문제를 해결 받을 수 있으며, 그리스도인의 세계관과 비전을 잉태하는 기회가 될 것입니다.

이 책을 공부할 때는 성경을 찾아가면서 함께 읽고 질문에 따라 답을 써가면서 공부하는 것이 좋습니다. 그러나 기계적으로 성경을 찾고, 읽고, 답을 쓰는 것으로 그치지 말고, 당신의 삶과 말씀이 부딪히도록 말씀을 향하여 질문을 던지고, 당신 자신에게도 끊임없이 질문을 던지면서 공부하십시오. 공부하면서 당신의 생각과 당신의 가치관은 물론 당신의 과

거, 현재, 미래와 부딪히게 하십시오. 목자와 목장원, 목장원과 목장원 사이에 질문과 나눔이 상호작용 하면서 공부한다면 더 의미 깊은 시간이 될 것입니다.

각 과의 마지막에 있는 '적용 및 실천하기'는 각 과에서 가장 중요하게 여기며 공부하십시오. 배운 것들을 적용하고 실천함으로 성경지식이 당신의 삶에 녹아져서 삶의 전 영역에 자양분이 되도록 하십시오. 아는 것보다 실천이 더 중요합니다. 그리스도인은 은혜로 구원받지만, 구원받은 그리스도인은 삶으로 그리스도인 됨이 나타나야 합니다. 당신이 아는 것만큼 적용하고 실천할 수 있도록 기도하면서 공부하십시오.

성령님 안에서 기대를 가지고 시작하십시오. 말씀을 사모하십시오. 충분히 성실하게 열심을 내십시오. 말씀을 배운 후에 당신도 다른 그리스도인을 가르칠 수 있기를 열망하고 기도하십시오. 예습, 구절암송, 성경 읽기 등 인도자의 안내와 책의 안내를 따라 철저하게 실행하십시오.

이 교재는 기본적으로 성경을 공부하는 것이 그 핵심이지만, 목장모임 과정에서 기도와 그리스도인들의 교제, 그리스도인들의 섬김을 배우게 될 것입니다. 예수님께서 제자들과 함께 3년간이나 함께 먹고, 마시고, 동행하시면서, 말씀을 가르치시고, 기도를 가르치시고, 전도 하시면서 제자들에게 이 세상을 변화시킬 제자화의 비전을 심어주셨던 것처럼 목장은 그런 제자화의 장입니다. 목자와 목장원들은 시간과 공간을 최대한으로 공유하도록 힘쓰십시오.

이 교재를 공부하면서 하나님의 사랑과 풍성한 삶을 경험하십시오.

제1과 하나님을 알자

<암송구절> "하나님이 세상을 이처럼 사랑하사 독생자를 주셨으니 이는 그를 믿는 자마다 멸망하지 않고 영생을 얻게 하려 하심이라."(요한복음 3:16)

"하나님이 누구시며, 나는 누구인가?"라는 질문은 인류의 역사와 함께 계속되어온 질문이라고 해도 과언이 아닙니다. 이 질문에 대한 해답을 얻기 위해서 수많은 사람들이 노력해 왔지만 만족할 만한 답변을 얻지 못했습니다. 어떤 종교도, 철학도, 학문도 명쾌한 답변을 주지 못했습니다. 혹자는 "하나님이 누구시며, 나는 누구인가?"라는 질문을 가지고 살아가는 사람이 과연 몇 사람이나 되겠느냐고 반문하는 사람이 있을지 모르겠습니다. 공감합니다. 그렇지만 우리가 간과하고 있는 것이 있습니다. 자기 자신이 이런 질문을 가지고 있다는 것조차도 모르고 살아간다는 것입니다. "이것이 예배이다"라는 책에서 A.W. 토저는 "인간은 머리를 다쳤기 때문이다."라고 쓰고 있습니다. "언제 다쳤냐구요?" 최초의 인간 아담이 죄를 범하는 순간 머리를 다쳐서 하나님에 대한 기억이 지워졌을 뿐만 아니라 자신이 누구인지에 대한 기억마저 지워졌다는 것입니다.

  그러나 이 교재를 공부하게 된 당신은 이미 "하나님이 누구시며, 나는 누구인가?"라는 질문에 대한 대답을 얻었거나, 아직 찾지 못했지만 이 질문에 대한 대답을 찾고 있는 사람이라고 생각합니다. 이 과에서는 하나님이 누구신가에 대해 안내 하려고 합니다.

1. 하나님은 어떤 분일까요? 먼저 하나님께서 어떤 일을 하셨는지 살펴보겠습니다.

1) 하나님께서 가장 먼저 하신 일은 무엇이었습니까?(창세기 1:1)

2) 하나님이 만드신 것들은 무엇입니까?(이사야 45:7)

3) 하나님이 사람을 어떻게 만드셨습니까?(창세기2:7; 창세기 1:26-27)

4) 하나님은 사람을 왜 만드셨을까요?(창세기 1:28)

하나님을 안다는 것은 하나님의 인격적 속성을 아는 것입니다. 우리가 하나님을 완벽하게 안다는 것은 불가능합니다. 그러나 하나님께서는 성경을 통해 우리가 하나님을 믿기에 충분할 만큼 하나님을 나타내주셨습니다. 성경에는 하나님의 속성을 나타내는 수많은 성경구절이 있지만, 아래에 제시된 몇 개의 성경구절을 통해 하나님의 속성에 대해 공부하겠습니다. 다음 성경구절을 읽고 하나님의 속성을 빈칸에 써보세요.

1) 시편 25:6

2) 시편 90:2

3) 시편 118:1

4) 스바냐 3:17

5) 이사야 41:10

3. 하나님은 우리를 향한 하나님의 사랑과 계획을 가지고 계십니다. 하나님의 사랑과 계획이 무엇인지 다음 성경구절을 읽고 빈칸에 써보세요.

1) 요한복음 3:16

2) 디모데전서 2:4

3) 예레미야 29:11

4) 데살로니가전서 4:3

4. 하나님은 인간과 교제하시기를 원하십니다. 그러나 인간이 하나님을 떠나 있을 때 하나님은 사랑하시기 때문에 질투하시며, 책망하시고, 심판하시는 분입니다.

1) 하나님은 우리에게 무엇을 명령하셨으며, 하나님은 어떤 분입니까?(출애굽기 20:5)

2) 하나님은 인간에게 어떤 분이십니까?(민수기 23:19)

3) 하나님은 당신에게 어떤 분입니까?(역대하 25:8,9)

4) 하나님은 우리의 행위에 대해서 어떻게 하실까요?(전도서 12:14)

5) 우리가 하나님께 대하여 해야 할 일은 무엇입니까?(요한복음 4:24)

6) 우리가 하나님 모르게 할 수 있는 것이 있을까요?(갈라디아서 6:7)

7) 결국 마지막 날에 하나님은 그를 믿는 하나님의 자녀들을 어떻게 하실까요?(요한계시록 21:3)

5. 적용 및 실천하기

1) 적용

(1) 그렇습니다. 하나님은 이 세상을 창조하시고, 인간을 창조하셨습니다. 그리고 하나님께서는 사람들과 교제하시길 원하시며 또한 사람들이 모든 창조하신 세계를 누리며 살도록 하셨습니다. 뿐만 아니라 하나님의 의로우심, 선하심, 긍휼하심, 사랑하심, 영원하심 안에서 풍성한 삶을 살게 하셨습니다. 그런데 당신은 실제로 그 모든 것을 누리며 살고 있습니까? 함께 나누어보세요.

(2) 하나님에 대하여 이과에서 배웠습니다. 당신이 하나님을 안다는 것이
앞으로의 당신의 삶에 어떤 영향을 미칠 것이라고 생각합니까?

2) 실천하기

(1) 암송구절을 반복해서 읽고 암송하십시오.

(2) 다음과에 나오는 성경구절을 찾아서 읽으시오.

(3) 부록에 나오는 성경읽기표에 따라 매일매일 성경을 읽으시오.

아름다운 이름, 여호와 하나님

"여호와 우리 주여 주의 이름이 온 땅에 어찌 그리 아름다운지요."(시편 8:1)

이 말씀을 읽을 때 온 땅과 온 우주에 충만한 하나님을 느낀다. 온 땅을 살피시는 하나님, 이 땅과 모든 사람 가운데 임재하시는 하나님, 우주 만물을 다스리시는 하나님, 모든 것을 공의롭게 판단하시는 하나님을 이 말씀을 통해서 느낀다. 하나님의 아름다운 이름과 그 충만하심을 내가 숨쉬는 순간마다 느낀다. 지금은 그 모든 것이 아직은 불완전한 경험이다. 그렇기 때문에 주님을 대면하는 그 날이 이르기까지 더 많이 주님을 부르고, 주님을 느끼고, 주님의 말씀을 품으려 한다. 주님께 나의 마음을 집중하기 위해 마음을 추스르고, 나의 삶의 구석구석에 하나님을 모시고 싶고, 나의 관심사 속에서도 주님을 느끼고 싶다. 끊임없이 아름다운 그 이름을 부르고 싶다. 나의 형편, 나의 생각, 나의 미래, 나와 관련된 모든 것을 알고 계시고, 꼼꼼히 살피시는 분이기에 더욱 아름다운 주님의 이름을 부르고 싶다. 주님의 그 아름다운 이름이 온 땅에 알려지고, 온 땅의 사람들과 그들의 자손의 자손들의 입에서도 아름다운 이름을 부르는 날

이 오길 기대한다.

　그러나 나의 숨이 멎어 주님 앞에 서는 날에는 더욱 더 생생하게 느끼고, 보며 주체할 수 없는 감격과 기쁨을 누리게 되리라!

제2과 나를 알자

〈암송구절〉 "모든 사람이 죄를 범하였으매 하나님의 영광에 이르지 못하더니"(로마서 3:23)

어느 날 저녁 희민이는 집 가까이 있는 소공원을 산책하고 있었다. 공원을 몇 바퀴 돌고 잠시 쉬기 위해 공원 한 모퉁이에 있는 나무의자에 앉으려고 할 때였다. 나무 의자에 앉아 있던 아저씨가 중후한 목소리로 "앉으세요!"라고 말을 걸었다.

희민이는 늦은 시간에 "앉으세요!"라고 말하는 그 중후한 목소리의 주인공에게 별 생각 없이 "네에, 그런데 누구세요?"라고 말했다.

말을 걸었던 그 아저씨는 대답 대신 가벼운 미소를 지었다.

잠시의 침묵이 흐른 후에 그 아저씨가 웃으면서 입을 열었다.

"젊은이, 젊은이가 조금 전에 나에게 던진 그 질문이야말로 바로 내가 하고 싶은 질문이요, '나는 누구일까?'라는 질문 말이오."

그 중후한 목소리의 아저씨의 말이 흥미롭기도 하고, 한편으로는 엉뚱하다는 생각에 희민이도 할 말을 잊고, 잠시 생각에 잠겼다.

"정말, 나는 누구일까?" 이 말을 마음 속으로 되뇌어 보고 있었다.

당신도 위 글 속의 두 사람처럼 "나는 누구인가?"라는 질문을 가지고 있을지도 모릅니다. 어쩌면 너무 바쁘고 다른 것들에 파묻혀서 자신에게 "나는 누구인가?"라는 질문을 던져볼 여유조차 없이 살고 있을지도 모릅니다. 그렇지만 이제 당신이 하나님을 알고, 성경을 통해서 당신 자신에 대해서 생각할 수 있는 기회를 갖게 된 것은 아주 다행스러운 일입니다.

1. 하나님께서 이 세상을 창조하셨습니다.(창세기 1:1) 하나님은 6일 동안 우주 만물을 창조하셨으며, 특별히 여섯 째날 마지막으로 인간을 창조하셨습니다. 하나님이 마지막으로 창조하신 인간은 어떤 모습이었는지 그리고 하나님과 최초의 인간인 아담 그리고 하와 사이에 어떤 일이 일어났으며, 어떤 의미가 있는지 함께 공부하겠습니다.

1) 하나님이 우주 만물을 모두 창조 하신 후에 어떤 말씀을 하셨습니까?(창세기 1:31)

2) 하나님과 사람 사이에 하나님이 세우신 최초의 언약 가운데 하나님께서 하지 말라고 금하신 명령은 무엇입니까?(창세기 2:16~17)

3) 이 명령에 대하여 아담과 하와는 어떻게 했습니까?(창세기 3:6)

4) 인류의 조상인 아담과 하와가 하나님과 그들 사이에 세우신 하나님의
언약에 불순종했을 때 하나님과 아담, 아담과 하와 사이가 어떻게 되었습
니까?(창세기 3:9-13)

(1) 하나님과 아담사이 :

(2) 아담과 하와 사이 :

(3) 하나님과 하와 사이 :

5) 그 결과 최초의 인류이자 인류의 대표인 아담과 하와는 어떻게 되었습
니까?(창세기 3:16-17; 3:23-24)

6) 로마서 5:12에서는 이 과정에 대해서 설명하고 있습니다. 어떻게 설명
하고 있는지 당신의 말로 써보세요.

2. 인류의 조상인 아담과 하와가 불순종하여 죄를 범한 후에 인류는 점점 더 죄악 속으로 빠져들었습니다. 그 결과 인간들의 죄는 어떻게 되었을까요?

1) 홍수 심판이 있기 전의 노아시대는 어떠했습니까?(창세기 6:5-6)

2) 또한 소돔과 고모라가 멸망하기 전에 소돔과 고모라는 어떠했습니까까?(창세기 13:13; 18:20)

3) 이사야는 죄악 된 이 세상을 어떻게 묘사하고 있습니까?(이사야 24:20)

4) 이사야 59:2은 죄를 지은 인간이 하나님 앞에서 어떻게 살아가고 있다고 말하고 있습니까?

3. 성경이 말하는 인간은 어떤 상태에 놓여 있을까요?

1) 죄를 지은 인간은 하나님 앞에서 어떻게 살아가고 있습니까?(이사야 53:6)

당신은 현재 하나님 앞에서 어떻게 살아가고 있습니까?

2) 범죄한 인간의 마음은 어떤 모습일까요?(예레미야 17:9)

당신은 예레미야 17:9의 말씀에 동의하십니까? 만일 동의하지 않는다면 당신의 생각을 함께 나누어 보세요.

3) 로마서 3:23은 모든 인류에 대해서 결론적인 선언을 하고 있습니다. 인간이 처한 상태를 어떻게 묘사하고 있습니까?

이 말씀에 의하면 당신도 죄인이라고 할 수 있습니다. 당신을 죄인이라고 하는 이 성경구절에 동의하십니까? 만일 동의하지 않는다면 당신의 생각을 나누어 보세요.

4. 그럼 죄를 범한 인간의 장래는 어떻게 될까요?

1) 죄의 결과 곧 죄의 대가는 무엇입니까?(로마서 6:23)

2) 히브리서 9:27은 모든 사람의 생애에 필수적으로 다가올 일이 무엇이라고 합니까?

3) 데살로니가후서 1:8-9은 인류의 미래에 일어날 예언적인 말씀입니다. 어떤 일들이 벌어질 것이라고 말하고 있습니까?

4) 요한계시록 21:8은 마지막 날에 있을 '죄인의 심판'에 관한 말씀입니다.
(1) 어떤 사람들이 심판을 받습니까?

⑵ 그 심판의 모습을 함께 나누어 보세요.

♣ 위에서 당신은 하나님이 창조하신 인간이 하나님께 불순종하여 죄를 짓고 에덴동산에서 쫓겨나게 되었음을 보았습니다. 이에 비추어 볼 때 모든 인류가 처한 상황과 다가오는 미래가 암울하다는 것을 알게 되었을 것입니다. 그러나 길이 없는 것이 아닙니다. 우리는 다음 과에서 그 길을 찾아가게 될 것입니다.

5. 적용 및 실천하기
1) 적용
⑴ 이 과에서 배운 내용에 비추어 볼 때 "나와 당신은 죄인"이라고 선언합니다. 당신은 이 선언에 동의하십니까? 당신의 생각을 나누어보세요.

⑵ 당신이 죄인이라는 사실을 인정하신다면 당신의 죄를 해결받기 위해 당신은 어떻게 해야 할까요?

2) 실천하기

(1) 암송구절을 반복해서 읽고 암송하십시오.

(2) 다음과에 나오는 성경구절을 찾아서 읽으시오.

(3) 부록에 나오는 성경읽기표에 따라 매일매일 성경을 읽으시오.

태초에 하나님이 천지를 창조하시니라

나는 누구인가?

나는 어디서 와서 어디로 가는가?

나는 어떻게 살아야 되는가?

끊임없이 꼬리에 꼬리를 물고 이어지는 질문들에 대하여 속 시원한 대답을 얻기란 쉽지 않았다.

고등학교 1학년 어느 날 작은 호기심을 가지고 선배 따라 교회에 가게 된 것이 계기가 되어 교회생활을 시작하게 되었고, 설교를 듣고, 교회생활의 이모저모를 익혀가고 그렇게 지내다가 거절할 수 없을 만큼 강렬하게 다가오시는 주님을 거부할 수 없어서 주님을 영접하고 걸음마부터 시작해서 지금에 이르렀다. 어느 순간에 나는 "태초에 주님이 천지를 창조하셨느니라"라는 말씀이 아주 깊이 나의 삶 속으로 다가왔다. 그렇게 이 말씀이 깊이 다가오게 된 것은 주님을 영접한 후 꽤 많은 시간이 흘러서였다.

주님을 나의 마음속에 나의 주 나의 하나님으로 영접하고 하나님을 아버지라고 부르게 되었을 때 그 기쁨이 참으로 컸다. 나의 믿음이 아주 조금씩이나마 성장하는 것을 느낄 때마다 감격스러웠다. 그럼에도 나의 삶에는 많은 짐들이 나를 누르고 있었다. 어느 때는 그 짐들이 가볍게 느껴지기도 했고, 어떤 때는 나에겐 짐들이 전혀 없는 것 같이 느껴지기도 했다. 그러나 여전히 나의 삶의 짐들이 있었고, 몹시 무겁게 느껴질 때도 많았다. 그때는 정말 너무 무겁고 내가 짊어지기에는 너무 벅찼다. 그 때 다시 한 번 '태초에 하나님이 천지를 창조하셨느니라.'라는 말씀이 강하게 나의 가슴과 머리를 쳤다. 무에서 유를, 그것도 무에서 상상할 수 없을 만큼 완벽하게, 풍성하게 만드시고, "보기에 심히 좋았더라."라고 감탄하신 그 말씀의 의미를 비로소 깨닫게 되었습니다. 처음에는 어렴풋이, 그리고 점점 더 선명하게 깨닫고, 지금은 나의 인생관이 되었다.

제3과 그리스도를 알자(거듭남)

<암송구절> "예수께서 이르시되 내가 곧 길이요 진리요 생명이니 나로 말미암지 않고는 아버지께로 올 자가 없느니라."(요한복음 14:6)

낯선 도시의 골목길에서 운전을 하다가 막다른 골목길에서 난처한 일을 당한 적이 있습니까? 지름길로 간다고 갔는데, 지름길이 아니고 오히려 더 많이 돌아서 목적지에 가게 된 경험은 없습니까?

살아가면서 누구나 한 번쯤은 당할 수 있는 일입니다. 그런데 돌아서 나올 수 있고, 좀 더 돌아갈 수 있는 길이라면 그렇게 심각한 문제는 아닙니다. 그렇지만 돌아 나올 수도 없고, 아무리 멀리 돌아도 목적지에 다다를 수 없는 길이라면 어쩌겠습니까? 아니 죽음으로 치닫는 길이라고 가정해봅시다. 끔찍하지 않습니까?

성경에 비추어 보면 하나님이 보시는 인간이 처한 상황이 이런 상황입니다. 그런데 하나님은 그냥 모르는 척하고 내버려두시지 않았습니다. 인간을 사랑하시기 때문입니다. 우리 인간을 너무 너무 사랑하시는 까닭에 더 이상 못 참으시고, 하나님의 때에 하나님은 독생자 예수를 이 땅에 보내주셨습니다. 그 사랑으로 인하여 인류는 죄로부터 구원 받을 수 있는 유일한 길이 열렸습니다. 그 길은 바로 예수 그리스도입니다.

이 과에서는 예수 그리스도와 그분을 통한 거듭남에 대해서 공부하겠습니다.

1. 예수 그리스도는 누구일까요?

1) 예수님은 인간의 모습으로 이 땅에 오셨습니다. 어떤 면에서 평범한 인간처럼 오셨고, 어떤 면에서 다르게 오셨습니까?(로마서 1:2-4)

2) 예수 그리스도에 관해 기록하고 있는 요한복음 1:1-4; 9-14을 읽고 예수 그리스도는 과연 누구인지 요약해서 정리해보세요.

3) 예수님은 하나님이셨지만 인간의 몸으로 오셔서 예수님은 어떤 경험을 하셨습니까?(히브리서 4:15)

4) 예수님은 어떤 모습으로 이땅에 오셨습니까?(빌립보서 2:6-8)

2. 구약성경은 예수님에 대하여 어떻게 말씀하고 있을까요?

1) 이사야 7:14은 예수 그리스도의 탄생에 대하여 예언하고 있습니다. 그 내용은 무엇입니까?

2) 미가서 5:2은 무엇을 예언하고 있습니까?

3) 누가복음 24:27은 예수님에 대해서 어떻게 말씀하고 있습니까?

3. 성경은 그리스도께서 이 땅에 오신 목적이 무엇이라고 쓰고 있습니까?

1) 요한복음 1:29은 침례요한의 말을 인용하고 있습니다. 예수 그리스도에 대해서 어떻게 기록하고 있습니까?

2) 요한복음 10:10에서 예수님은 당신이 이 땅에 오신 목적에 대하여 말씀하고 있습니다. 그 목적이 무엇입니까?

3) 예수님은 자신을 누구라고 소개하셨습니까?(요한복음 14:6)

4) 예수님이 이 땅에 오신 목적은 무엇입니까?(누가복음 5:32)

5) 또 마가복음 1:38을 보면 예수님이 이 땅에 오신 또 다른 목적은 무엇입니까?

4. 다음 성경구절을 읽고 예수님은 이 땅에 오셔서 어떤 일을 하셨는지 써 보세요.

1) 로마서 5:8

2) 히브리서 10:12

3) 고린도전서 15:3-4

5. 그렇다면 그리스도를 믿는 사람들에게 어떤 일이 일어났으며, 앞으로 그리스도를 믿는 사람에게 어떤 일이 일어날까요?

1) 예수 그리스도는 하나님과 사람 사이에 어떤 역할을 하시는 분입니까?(디모데전서 2:5)

2) 예수님께서 십자가에 못 박히신 사건이 그를 믿는 사람에게 어떤 의미가 있습니까?(로마서 6:6)

3) 누군가 예수님을 믿는다면 그에게 어떤 일이 일어날까요?(사도행전 16:31)

4) 당신이 그리스도를 당신의 삶에 초청한다면 어떤 일이 일어날까요?(요한계시록 3:20)

5) 당신이 그리스도를 믿을 때 어떤 일이 일어납니까?(로마서 10:9)

♣ 다행히도 당신은 이 책을 공부하기 전부터 하나님의 사랑을 알고 있었을지도 모릅니다. 어쩌면 이전엔 하나님의 사랑을 몰랐었다고 하더라도 이 책을 공부하면서 하나님의 사랑에 대해서 배우면서 알게 되었을지도 모릅니다. 뿐만 아니라 당신은 성경을 공부하면서 모든 인간이 죄인이며, 그 중에 한 사람인 당신도 죄인이라는 사실을 알게 되었으리라 믿습니다.

더욱 놀라운 일은 하나님께서 모든 죄인을 용서하시기 위해서 그 죄를 대신 담당하실 예수 그리스도를 보내주셨다는 것을 알게 되었을 것입니다. 그리스도는 죄가 없으셨으며, 하나님의 아들 독생자로 우리의 죄를 대신 담당하실 자격이 있으신 분이셨습니다. 그 예수를 이 땅에 보내셨습니다. 그리고 우리를 대신하여 십자가에서 죽게 하심으로 우리의 죄 값을 모두 지불하셨다는 것을 알게 되었습니다. 만약 당신이 이런 모든 사실을 알고도 아직 예수님을 마음에 모시지 않았다면 바로 지금, 예수님을 당신의 마음에 영접하고, 죄사함과 구원을 경험할 수 있는 당신의 생애 최고의 결정적 결단의 시간을 갖기를 정중히 권합니다. 아직 예수님을 당신의 생애에 영접한 경험이 없거나 아직 구원받은 확신이 없다면 다음과 같은 기도를 통해서 예수님을 영접할 수 있습니다. 이렇게 기도할 수 있습니다.

"예수님, 저는 하나님이 저를 사랑하신다는 사실을 알게 되었습니다. 그렇지만 제가 죄인이기 때문에 그 사랑을 알지도 못했고, 그 사랑을 느끼지도 못했습니다. 지금 저는 제가 죄인이라는 사실을 고백합니다. 예수님께서 십자가를 지심으로 저의 모든 죄 값을 지불해 주셨음을 믿습니다. 지금 저는 예수님을 나의 구주 나의 하나님으로 영접합니다. 저의 안에 들어오셔서 저의 인생에 주인이 되어주십시오. 예수님께 저의 마음의 중심을 양도하겠습니다. 성경의 말씀대로 순종하겠습니다. 예수님의 이름으로 기도합니다. 아멘."

6. 적용 및 실천하기

1) 적용

(1) 당신은 예수님이 누구라고 생각하십니까?

(2) 당신은 예수님을 영접하셨습니까?

(3) 당신은 예수님과 어떤 관계가 있습니까?

(4) 당신은 예수님이 이 땅에 오신 목적과 그분이 이 땅에 오셔서 이루신 일들을 이해하고, 예수님이 당신의 죄 때문에 십자가를 지셨다는 것이 당신에게 어떤 영향을 미치고 있습니까?

2) 실천하기

(1) 암송구절을 반복해서 읽고 암송하십시오.

(2) 다음과에 나오는 성경구절을 찾아서 읽으시오.

(3) 부록에 나오는 성경읽기표에 따라 매일매일 성경을 읽으시오.

당신은 왜 그냥 당하셨나요?

힘이 없는 자는 힘이 없는 대로, 힘이 강한 자는 힘이 강한 대로 있는 힘들 다해, 때로는 없는 힘까지 동원하여 항변하고, 공격하여 이기려고 하는데 왜 당신은 그냥 당하셨나요? 입도 열지 않으시고, 몸부림도 안치시고, 잠잠히 당하셨나요? 주님, 당신께 묻고 싶습니다. 당신께서 이 땅에서 마지막 순간에 당신을 고발한 사람들, 당신을 잡아간 사람들, 당신을 심문한 사람들, 그리고 당신을 재판하고, 사형선고를 내린 사람들까지, 그들이 그 짓을 행하는 동안 정말 당신은 침묵하시고, 잠잠히 당하시기만 하셨지요. 얼마나 초조하셨나요? 얼마나 고독하셨나요? 얼마나 아프셨나요? 얼마나 치욕스러우셨나요? 얼마나 심장이 찢어지는 고통이셨나요? 제가 아파야하고, 제가 치욕을 당해야 하고, 저의 심장이 찢어져야 하는데, 당신께서 대신 당해주신 것이지요? 아무리 노력해도, 나를 통째로 내어준다고 해도 제가 다 갚을 수 없는 저의 죄 값 때문이있지요? 당신께서 저와 같은 인간을 위해서 행하신 그 모든 것이 저는 느껴지는데, 저는 믿어지는데, 그리고 저의 마음속에 당신의 모든 것이 있고, 저는 말할 수 있는데, 왜 대부분의 사람들은 잘 모를까요? 저의 느낌, 저의 믿음, 제 안에 계신 당신의 영, 그리고 그것을 말 할 수 있는 것까지도 당신께서 행하신 것이지요?

제4과 성경을 알자

〈암송요절〉 "모든 성경은 하나님의 감동으로 된 것으로 교훈과 책망과 바르게 함과 의로 교육하기에 유익하니 이는 하나님의 사람으로 온전하게 하며 모든 선한 일을 행할 능력을 갖추게 하려 함이라."(디모데후서 3:16-17)

현대인은 많은 기계를 작동하며, 그 작동 법을 담은 매뉴얼을 가지고 있습니다. 혹시 당신은 당신이 가장 아끼는 기계의 작동법이 담긴 매뉴얼을 잃어버려 당황한 경험이 있습니까?

하나의 기계 작동법이 담긴 매뉴얼만 없어도 우리는 그 기계를 사용하는데 불편을 겪거나 그 기계를 사용하지 못하는 경우가 있습니다.

성경을 어떻게 매뉴얼에 비교할 수 있으리요!

성경은 하나님께서 인간에게 당신을 보여주시기 위해 당신의 모습을 담은 사진첩이며, 당신의 음성과 활동을 담은 드라마이며, 당신의 마음을 담아 알려주시는 사랑의 편지입니다. 한편 인간이 하나님을 찾아갈 수 있도록 제작해주신 지도이며, 나침반이며, 네비게이션이며, 가장 친절하고 완벽한 안내서입니다. 책이지만 책 이상입니다. 살아계신 하나님의 말씀입니다.

이 성경은 구약39권, 신약27권 총 66권으로 되어 있습니다. 약 1600여 년 동안 40여 명의 저자들을 통하여 기록했습니다. 그들의 직업과 신분, 기록 연대는 모두 다르지만 성경은 통일성을 가지고 있습니다. 그 이유는 성령 하나님께서 성경을 기록하게 하셨기 때문입니다.

이 과에서는 성경에 대해서 공부하겠습니다.

1. 성경은 성경을 무엇이라고 할까요?

1) 성경은 성경에 대하여 무엇이라고 기록하고 있습니까?(요한복음 5:39)

2) 성경은 그리스도에 대하여 기록하고 있습니다. 그렇다면 누가복음 24:45에 의하면 우리는 어떻게 성경을 깨달을 수 있을까요?

3) 로마서 10:17을 읽으라.
(1) 그리스도인의 믿음의 원천은 어디에 있다고 할 수 있습니까?

(2) 그렇다면 그리스도인의 믿음이 성장하기 위해서는 어떻게 해야 하는
가?

2. 성경은 어떻게 기록되었습니까?

1) 디모데후서 3:16을 보면 성경은 어떻게 기록되었습니까?

2) 베드로후서 1:21을 보면 성경은 어떻게 기록되었습니까?

3) 그렇다면 우리가 성경을 잘 깨닫고, 이해하려면 우리는 누구의 인도를
받아야 할까요?(요한복음 16:13)

3. 성경의 기록목적은 무엇입니까?

1) 디모데후서 3:16-17에 보면 성경의 기록목적은 무엇입니까?

2) 요한일서 5:13에 의하면 성경이 기록된 목적은 무엇입니까?

3) 또한 요한복음 20:31에 의하면 성경이 기록된 목적은 무엇입니까?

4. 성경이 주는 유익은 무엇입니까?

1) 시편 119:9은 성경이 주는 유익이 무엇이라고 합니까?

2) 시편119:105은 성경이 우리의 삶에 어떤 역할을 한다고 합니까?

3) 시편 119:165은 성경이 주는 유익을 무엇이라고 기록하고 합니까?

4) 시편 143:8에서는 성경이 주는 유익을 무엇이라고 기록하고 합니까?

5) 예레미야 15:16은 성경은 우리에게 무엇을 준다고 기록하고 합니까?

6) 그리스도인의 삶은 영적싸움에 비유됩니다. 에베소서 6:17에 의하면 그리스도인의 무기는 무엇입니까?

5. 그럼 우리는 성경을 볼 때 어떤 태도나 자세를 가져야 할까요?
1) 누가복음 11:28에서 우리에게 권하고 있는 것은 무엇 입니까?

2) 신명기 6:6-9에서는 하나님의 자녀들에게 무엇을 명령하고 있습니까?

3) 시편 119:11은 말씀을 우리의 삶에서 어떻게 적용할 것을 권하고 있습니까?

4) 요한계시록 1:3은 우리에게 말씀을 우리의 삶에게 어떻게 할 것을 권하고 있습니까?

6. 적용 및 실천하기

1) 적용

(1) 당신은 성경을 읽고, 듣고, 공부하고 있습니까?

(2) 성경을 읽거나 설교를 들을 때 당신은 어떻게 반응합니까?

(3) 당신의 삶에 성경은 어떤 영향을 미쳤거나, 지금 어떤 영향을 미치고 있습니까?

2) 실천하기

(1) 암송요절을 반복해서 읽고 암송하십시오.

(2) 다음과에 나오는 성경구절을 찾아서 읽으시오.

(3) 부록에 나오는 성경읽기표에 따라 매일매일 성경을 읽으시오.

주님의 말씀은?

초등학교 4학년 때 같은 반 친구와 고향 마을에서 8km 정도 떨어진 읍내에 무작정 갔다가 길을 잃고 친구와 둘이 울면서 이리저리 헤매다가 길에서 어머니를 만났다. 얼마나 기뻤던지, 어머니 품에 안겨서 엉엉 울었다.

고등학교 때는 등산을 갔다가 등산로가 아닌 길로 내려오다가 길을 잃고 헤맸었다. 불과 30분 남짓 되는 짧은 시간이었지만 그 불안하고 초조했던 순간은 수십 년이 지난 지금도 생생하다.

삶에서 이렇게 길을 잃거나 헤맸던 것이 딱 두 번만 있었으면 얼마나 좋았으랴! 고속도로를 달리다가 인터체인지를 지나치기도 했고, 아름다운 경치에 정신이 팔려 목적지를 지나치기도 하고, 망설이다가 길을 놓치기도 했다. 잘 아는 길도, 오직 한길 밖에 없는 외길을 가다가도 헤맨다.

하물며 한치 앞도 바라볼 수 없는 인생길에서는 얼마나 많이 헤매는가? 그때마다 나침반처럼 내가 나가야할 방향을 알려주고, 험한 듯 보이지만 뻥 뚫린 길을 찾을 수 있었던 것은 주님의 말씀이었다. 말씀을 되풀이해서 입으로 되 뇌이면서 인내하기도 하고, 말씀을 읽으면서 나를 돌아보기도 하고, 말씀을 들으면서 하나님의 이끄심을 경험하곤 했다. 감격해서 울고, 생수 같이 시원함으로 울먹였다. 그때 마다 이렇게 고백한다. "정말 주의 말씀은 내발에 등이요, 내 길이 빛입니다."

제5과 교회, 우리를 알자

<암송요절> "시몬 베드로가 대답하여 이르되 주는 그리스도시요 살아 계신 하나님의 아들이시니이다.(마태복음 16:16)

수많은 사람들이 모인 곳에서 사회자가 몇 사람을 뽑아 아주 커다란 경품을 주는 자리에 당신이 앉아 있고, 그 때 당신이 상상도 하지 못한 일이 벌어졌다고 가정해봅시다. 사회자가 당신의 이름을 부른 것입니다. 당신이 그 특별한 몇 사람 중의 한 사람으로 뽑힌 것입니다.

혹시 당신에게 그런 경험이 있습니까? 그런 경험이 있다면, 그 순간을 기억하는 것만으로도 흥분되지 않습니까? 설령 그런 경험이 없다고 하더라도 머릿속으로 상상하는 것만으로도 짜릿한 기분을 느낄 수 있지 않습니까?

교회는 하나님께 불려서 나온 사람들의 모임입니다. 깜짝 이벤트도 아니고, 길거리 사회자가 부른 것도 아닙니다. 하나님이 부르신 것입니다. 교회는 예수 그리스도를 영접하고 구원받은 사람들의 모임입니다. "에클레시아"라는 헬라어 단어는 '회중, 불러냄을 받은 사람들, 뽑힌 사람들'을 의미하는 단어입니다. 성경에서 교회라는 단어는 인격체로 표현하고 있습니다. 장소의 개념으로 쓰인 것처럼 보이는 경우에도 교회는 하나님과 그리스도 안에서의 사람들의 모임을 의미합니다. 즉, 예수 그리스도를 주님으로 영접한 사람들, 하나님을 예배하기 위해 모인 사람들, 그리스도의 사람들, 그리스도의 제자들을 의미합니다.

이과에서는 교회에 대하여 공부하겠습니다.

1. 교회의 기초는 무엇입니까?

교회는 예수님을 그리스도로, 하나님의 아들로 고백한 믿음에 기초해서 세워집니다.

1) 베드로는 예수님을 누구라고 고백했습니까? 그리고 이 고백에 대해서 예수님은 어떤 반응을 나타내셨으며, 무엇을 약속하셨습니까?(마태복음 16:16-18)

(1) 베드로의 고백 :

(2) 예수님의 반응 :

(3) 예수님의 약속 :

♣ 예수님의 약속은 단순히 돌 위나, 베드로의 이름을 걸고 교회를 세우시겠다는 의미는 아닙니다. 베드로의 신앙고백처럼 예수님을 그리스도로, 하나님의 아들로, 주님으로 고백하는 그 고백위에 교회를 세우시겠다는 약속입니다.

2. 성경은 교회를 어떻게 정의하고 있습니까?

교회를 건물로 잘 못 알고 있는 경우가 많이 있습니다. 성경에는 성전이라는 말과 교회라는 말을 두루 쓰고 있습니다. 구약성경에서는 성전이 하나님이 임재 하는 장소이면서, 하나님을 만나는 곳이었습니다. 그러나 예수 그리스도께서 십자가에서 죽으실 때 하나님과 인간이 만날 수 있는 길을 열어놓으셨습니다. 신약성경에서 말하는 성전은 예배하는 장소인 건물이 아니라 교회입니다.

1) 당신이 이해하고 있는 교회가 무엇인지 함께 나누어보겠습니다.

2) 요한복음 2:21에서 예수님은 자신의 몸을 무엇이라고 하셨습니까?

3) 요한계시록 21:22에서는 성전을 무엇이라고 말하고 있습니까?

4) 디모데전서 3:15은 교회를 어떻게 표현하고 있습니까?

 이 말씀에서 '집'은 건물을 가리킬까요?

5) 초대교회의 성전개념을 잘 말해주는 고린도전서 3:16에서는 성전(교회)은 무엇이며, 성전(교회)의 특징은 무엇입니까?

3. 교회는 어떻게 이루어질까요?

교회는 사람의 몸에 비유됩니다. 몸에는 몸을 구성하는 다양한 지체가 있듯이 교회에도 다양한 지체가 있다고 성경은 말하고 있습니다.

1) 교회는 어떻게 이루어집니까?(엡 1:22-23)

2) 몸에 비유 된 교회의 특징은 무엇입니까?(고전 12:17-20)

3) 교회에는 어떤 역할을 하는 사람들이 있습니까?(사도행전 20:28)

4) 교회에는 어떤 직분(역할)이 있으며, 이런 다양한 역할들은 왜 있습니까?(엡 4:11-12)
(1) 교회의 직분(역할)들 :

(2) 교회의 직분(역할)들의 목적 :

4. 교회는 무엇을 하는가?

1) 예수님은 성전을 뭐하는 곳이라고 하셨습니까?(누가복음 19:46)

2) 초대교회는 모여서 무엇을 했습니까?(사도행전2:42)

3) 초대교회에서 예루살렘교회와 함께 대표적인 교회였던 안디옥 교회는 모여서 무엇을 하였습니까?(사도행전 11:26)

4) 건강한 교회에서 나타나야할 특징은 무엇일까요?(사도행전 9:31)

5. 적용 및 실천하기

1) 적용

(1) 교회는 무엇입니까?

(2) 교회는 무엇을 하는 곳이며, 교회의 존재 목적은 무엇일까요?

2) 실천하기

(1) 암송요절을 반복해서 읽고 암송하십시오.

(2) 다음과에 나오는 성경구절을 찾아서 읽으시오.

(3) 부록에 나오는 성경읽기표에 따라 매일매일 성경을 읽으시오.

"시몬 베드로가 대답하여 이르되 주는 그리스도시요 살아계신 하나님의 아들이시니이다."(마16:16)

"너희는 나를 누구라 하느냐??

"주는 그리스도요 살아계신 하나님의 아들이니이다."

스프링이 튕기듯이 베드로는 서슴없이 말했다.

주님은 말씀하셨다.

"바요나 시몬에 네가 복이 있도다."

참 잘했다. 참 잘했다. 그래 바로 그거야!

우리 입에서 베드로처럼 예수에 대한 고백이 있어야 한다.

"주는 그리스도요, 하나님의 아들이니이다."

그리고 이어지는 사건이 있다.

"너는 베드로라 내가 이 반석 위에 내 교회를 세우리니"

베드로의 고백위에 교회를 세우시겠다고 말씀하셨다. 베드로조차도 자신의 고백이 얼마나 크고 깊은 의미를 지닌 것인지 몰랐던 것 같다. 왜냐하면 바로 뒤에 이어지는 예수님과 베드로의 대화를 보면 알 수 있다.

그리스도께서 '이제 나는 죽어야 된다'고 말씀하셨다.

이 말을 들은 베드로는 "안 됩니다! 절대 안 됩니다!"라고 말했다.

주님은 베드로의 반응에 대하여 화를 내셨다. 아마도 주님은 베드로가 예수님이 누구신지는 알았지만, 베드로의 삶에 그의 고백이 녹아지고, 스며들어서 깊이 배인 것은 아님을 주님은 알았기 때문일 것이다. 베드로가 고백한 "주는 그리스도시요, 살아계신 하나님의 아들이니이다."라는 고백 위에 세워지는 것이 교회이다. 교회는 그렇게 고백한 사람들의 고백을 기초로 세워진다. 그 기초는 곧 그리스도시다. 우리는 우리의 신앙고백을 교회라는 몸을 통해서 삶으로 풀어내야 한다. 나의 그리스도를 넘어 우리의 그리스도, 교회의 머리되신 그리스도를 삶으로 고백하여 교회를 이루어 가고, 세워 가야겠다.

제6과 기도를 알자

인간이 사용하는 언어는 시로, 소설로, 노래로, 희곡이나 드라마로 표현되어 아름다움을 더해줍니다. 어떤 형태의 언어적 표현보다도 가장 아름다운 언어는 기도에 사용된 언어라고 해도 과언이 아닙니다. 기도는 우리의 생각과 감정과 우리의 삶을 하나님께 표현하는 도구이기 때문입니다. 기도야 말로 언어로 표현될 수 있는 가장 아름답고, 신비하고, 위대한 언어입니다.

흔히 기도는 하나님과 대화하는 것이라고 말합니다. 기도는 인간이 가지고 있는 필요나 소원을 하나님께 말하는 것입니다.

이 과에서는 기도에 대해서 공부하겠습니다.

1. 누구에게 기도할까요?

1) 우리의 기도의 대상은 누구입니까?(시편 65:2)

2) 우리의 기도는 누가 들으실까요?(요한일서 5:14)

3) 우리가 기도할 때 성령께서 하시는 일은 무엇입니까?(로마서 8:26-27)

2. 왜 기도해야할까요?

1) 우리가 기도해야 되는 가장 큰 이유는 예수님께서 명령하셨고, 친히 가장 좋은 기도를 보여주시고, 가르쳐주셨습니다. 그 기도를 읽고 요약해보세요.(마태복음 6:9-13)

2) 예수 그리스도께서 우리에게 보여주신 모범은 무엇입니까?(마가복음
1:35)

3) 성경에는 기도하라고 반복적으로 명령하고 있습니다. 아래의 성경구절
을 읽고 기도에 대해 명령하신 것을 써보세요.
(1) 마태복음 5:44; 누가복음 6:28

(2) 마태복음 26:41; 마가복음 14:38; 누가복음 22:40

(3) 누가복음 18:1; 데살로니가전서 5:17

1) 우리의 기도에서 가장 먼저 구해야 하는 것은 무엇일까요?(이사야 55:6)

2) 우리가 기도할 때 무엇을 간구할까요?(스바냐 2:3)

3) 예수님은 우리가 추구하거나 기도할 때 최우선적으로 무엇을 구하라고 말씀하십니까?(마태복음 6:33; 누가복음 12:31)

4) 초대교회 성도들은 무엇을 위해서 기도했습니까?(사도행전 4:29-31)

5) 바울은 자신과 그 일행을 위해 골로새에 있는 성도들에게 무엇을 위해 기도하라고 했습니까?(골로새서 4:3)

6) 또한 우리가 기도할 때 무엇을 위해서 기도해야 할까요?(야고보서 1:5)

7) 하나님께서 솔로몬에게 "내가 네게 무엇을 주랴?"라고 말씀하셨습니다. 하나님과 솔로몬의 대화를 통해서 기도에 대해서 배울 수 있는 무엇입니까?(역대하 1:7)

4. 어떻게 기도해야 할까요?

우리는 아래의 성경구절을 통해서 기도의 자세와 태도, 그리고 개인기도와 교회나 성도들이 함께 기도하는 모습을 볼 수 있습니다. 기도에 대한 다음 성경구절을 찾아서 읽으면서 함께 공부하겠습니다.

1) 열왕기상 18:42에는 엘리야의 기도에 대한 기록입니다. 엘리야의 기도를 통해서 우리가 배울 수 있는 것은 무엇입니까?

2) 에스라 8:23; 에스라 9:5에서 우리는 기도에 대해서 무엇을 배울 수 있습니까?

3) 느헤미야 8:6에서 에스라와 이스라엘 백성들의 기도는 당신에게 무엇을 가르쳐주고 있습니까?

4) 시편5:3과 시편 28:2에서 다윗의 기도를 볼 수 있습니다. 다윗은 언제 기도했습니까? 그리고 그의 기도하는 모습을 써보세요.

5) 다니엘 6:10과 다니엘 9:3에서 보여주는 다니엘의 기도를 통해서 당신에게 주는 교훈은 무엇입니까?

5. 기도하면 어떻게 될까요?

기도의 출발은 하나님과 교제하는 것이며, 우리의 뜻을 하나님께 관철시키는 것이 아니고, 우리의 뜻을 하나님 앞에 굴복시키고 하나님의 뜻대로 살 수 있도록 인도해주시고, 성령님을 통해서 함께 하여주시길 간구하는 것입니다.

1) 열왕기상 18:37-38은 엘리야의 기도입니다. 엘리야는 무엇을 위해서 기도하고 있습니까?

2) 아래의 시편 말씀이 기도 응답에 대하여 당신에게 가르쳐주는 것은 무엇입니까?

(1)시편 3:4

(2) 시편 34:4

(3) 시편 99:6

(4) 시편 120:1

3) 예레미야 33:3이 기도에 대해서 당신에게 가르쳐주는 교훈은 무엇입니까?

4) 야고보서 4:2-3은 우리가 하나님의 뜻과 무관하거나 잘 못된 기도에 대해 경계하는 말씀입니다. 이 말씀이 기도에 대해 주시는 교훈은 무엇입니까?

6. 적용 및 실천하기

1) 적용

(1) 당신은 현재 규칙적으로 기도하고 있습니까?

(2) 당신의 규칙적인 기도생활을 방해하는 것이 무엇입니까?

(3) 기도에 대하여 이 과에서 공부한 후에 당신의 삶에서 적용할 수 있는
것은 무엇입니까?

2) 실천하기

(1) 암송요절을 반복해서 읽고 암송하십시오.

(2) 다음과에 나오는 성경구절을 찾아서 읽으시오.

(3) 부록에 나오는 성경읽기표에 따라 매일매일 성경을 읽으시오.

염려하지 말고 기도하라

"아무것도 염려하지 말고 오직 모든 일에 기도와 간구로 너희 구할 것을 감사함으로 하나님께 아뢰라 그리하면 모든 지각에 뛰어난 하나님의 평강이 그리스도 예수 안에서 너희 마음과 생각을 지키시리라."

(빌립보서 4장 6,7절)

딸아이가 대학 면접시험을 보러가는 날 아침, 자동차 안에서의 일이다. 방송에서 빌립보서 4장6-7절 말씀이 나왔다. 딸아이가 말했다. "평소에는 말씀이 잘 안 들렸는데, 오늘 아침에는 저 말씀이 귀에 똑똑히 들리네."

그렇다, 우리는 부담스러운 일이 있을 때, 삶의 무게를 느끼고 있을 때, 인생의 장벽에 부딪혔을 때 하나님의 말씀이 더 잘 귀에 들어온다. 그리고 그 말씀의 의미가 훨씬 강하게 다가온다. 우리는 그런 절박한 상황에서 하나님께 가까이 나아가서 기도하곤 한다. 하나님은 그런 절박한 상황에서 기도할 때도 들어주신다. 성경에는 그런 기도의 모습들이 많이 나온다. 그러나 성경이 우리에게 권하는 것은 항상 기도하라고 권한다. 하나님은 단순히 우리의 필요를 채워주시는 분이 아니라 우리와 교제하기를 원하신다. 아버지께서는 우리의 삶에서 섬세한 대화를 원하신다. 성경을 읽을 때도, 마침 내가 처한 현실과 딱 맞아떨어지는 말씀만 골라서 받아들이는 것이 아니라 성경 전체를 살아계신 말씀으로 받아들이기를 원하신다. 하나님은 우리가 기도 할 때 삶의 부분 부분을 조각내어, 한 조각, 한 조각 헤아려 가면서 여기는 하나님의 도우심이 필요하고, 여기는 내 마음대로 살아도 되는 것이라고 주장하는 것을 기뻐하시지 않는다. 하나님은 나의 삶에서 내 의도대로, 내가 마음먹은 대로 사는 것을 기뻐하지 않으신다. 나의 처음부터 끝까지를 주님 앞에 내어 놓고, 주님 앞에서 살기를 원하신다. "모든 일", 앞에서 기도해야 한다.

부록

1. 자기 점검표

check요령 : 실천사항을 모두 했을 때 ○, 부분적으로 했을 때 △,
전혀 실천하지 않았을 때 ×

날짜	교재제목	성경찾아보기	요절암송	성경읽기	비고

제1과 〈암송구절〉 "하나님이 세상을 이처럼 사랑하사 독생자를 주셨으니 이는 그를 믿는 자마다 멸망하지 않고 영생을 얻게 하려 하심이라."(요한복음3:16)

제2과 〈암송구절〉 "모든 사람이 죄를 범하였으매 하나님의 영광에 이르지 못하더니"(요한복음 1:12)

제3과 〈암송구절〉 "예수께서 이르시되 내가 곧 길이요 진리요 생명이니 나로 말미암지 않고는 아버지께로 올 자가 없느니라."(요한복음 14:6)

제4과 〈암송구절〉 "내가 진실로 진실로 너희에게 이르노니 내 말을 듣고 또 나 보내신 이를 믿는 자는 영생을 얻었고 심판에 이르지 아니하나니 사망에서 생명으로 옮겼느니라."(요한복음 5:24)

제5과 〈암송구절〉 "시몬 베드로가 대답하여 이르되 주는 그리스도시요 살아 계신 하나님의 아들이시니이다."(마태복음 16:16)

제6과 〈암송구절〉 "너희는 먼저 그의 나라와 그의 의를 구하라 그리하면 이 모든 것을 너희에게 더하시리라."(마태복음 6:33)

3. 성경읽기표

요일	월	화	수	목	금	토	주일
제1주	창1장	창2장	창3장	창4장	창6장	창7장	창8장
제2주	창9장	창11장	창12장	요1장	요2장	요3장	요4장
제3주	요5장	요10장	요11장	요12장	요13장	요14장	요15장
제4주	요16장	요17장	마5장	마6장	마7장	갈1장	갈5장
제5주	엡4장	고전12장	롬12장	고전2장	고전3장	고전6장	고전15장
제6주	요일1장	요일2장	요일3장	요일4장	요일5장	시51편	시66편

<table>
<tr><th colspan="4">4. 성경일람표(66권)</th></tr>
<tr><th colspan="2">구약(39권)</th><th colspan="2">신약(27권)</th></tr>
<tr><th>구분</th><th>책이름</th><th>구분</th><th>책이름</th></tr>
<tr><td>모세오경
(5권)</td><td>창세기(50장) 출애굽기(40장)
레위기(27장) 민수기(36장)
신명기(34장)</td><td>4복음서
(4권)</td><td>마태복음(28장)
마가복음(16장)
누가복음(24장)
요한복음(21장)</td></tr>
<tr><td>역사서
(12권)</td><td>여호수아(24장) 사사기(21장)
룻기(4장) 사무엘상(31장)
사무엘하(24장) 열왕기상(22장)
열왕기하(25장) 역대상(29장)
역대하(36장) 에스라(10장)
느헤미야(13장)
에스더(10장)</td><td>역사서
(1권)</td><td>사도행전</td></tr>
<tr><td>시가서
(5권)</td><td>욥기(42장) 시편(150편)
잠언(31장) 전도(12장)
아가(8장)</td><td rowspan="2">바울서신
(13권)</td><td rowspan="2">로마서(16장)고린도전서(16장)
고린도후서(13장)
갈라디아서(6장) 에베소서(6장)
빌립보서(4장) 골로새서(4장)
데살로니가전서(5장)
데살로니가후서(3장)
디모데전서(6장)
디모데후서(4장)디도서(3장)
빌레몬서(1장)</td></tr>
<tr><td>대선지서
(5권)</td><td>이사야(66장) 예레미야(52장)
애가(5장) 에스겔(48장)
다니엘(12장)</td></tr>
<tr><td rowspan="2">소선지서
(12권)</td><td rowspan="2">욥기(42장) 시편(150편)
잠언(31장) 전도(12장)아가(8장)
대선지서(5권) 이사야(66장)
예레미야(52장) 애가(5장)
에스겔(48장) 다니엘(12장)
소선지서(12권) 호세아(14장)
요엘(3장) 아모스(9장)
오바댜(1장) 요나(4장)
미가(7장) 나훔(3장)
하박국(3장) 스바냐(3장)
학개(2장) 스가랴(14장)
말라기(4장)</td><td>공동서
신(7권)</td><td>히브리서(13장) 야고보서(5장)
베드로전서(5장)
베드로후서(3장) 요한1서(5장)
요한2서(1장) 요한3서(1장)</td></tr>
<tr><td>예언서
(1권)</td><td>요한계시록(22장)</td></tr>
</table>

이금환

　　충남대에서 행정학을 전공하고(행정학 석사) 침례신학대학교 신학대학원(M. Div)을 졸업하였으며 대전에서 큰사랑교회를 개척하여 담임목회를 하고 있다.

　　대학시절 선교단체에서 훈련을 받았으며, CCC간사, DFC간사로 10여 년간 학원선교를 하면서 많은 제자들을 양육하였다. 사람들과 만나는 것을 즐거워하고, 사람들과 삶을 나누며 행복을 느끼는 전도와 제자양육의 비전으로 가득 찬 사람이다. 그는 이 비전을 위해 깊이 헌신해야 됨을 알고 있다.

　　저서로는 「K목사의 눈에는……」(엘맨 1995)이 있다.

하나님과의 만남, 그리스도 안에서의 만남

초판 1쇄 발행 | 2011년 6월 4일

지 은 이 | 이금환
펴 낸 이 | 채주희
펴 낸 곳 | 엘맨

등　　록 | 제10-1562호(1985.10.29)
주　　소 | 서울특별시 마포구 신수동 448-6
전　　화 | 02-323-4060, 322-4477
팩　　스 | 02-323-6416
메　　일 | elman1985@hanmail.net

마 케 팅 | 김연범(010-3767-5616)
마케팅지원 | 정수복